AF248465

SÉANCE DU 17 MARS 1870.

DISCOURS

A LA COMMISSION

DE DÉCENTRALISATION

PAR

LE COMTE DE COSNAC

(GABRIEL-JULES)

CONSEILLER GÉNÉRAL DE LA CORRÈZE
MEMBRE DE LA COMMISSION DE DÉCENTRALISATION.

LÉGISLATION COMPARÉE DES DIVERS ÉTATS DE L'EUROPE
RELATIVEMENT
AUX INSTITUTIONS MUNICIPALES
ET A LA NOMINATION DES MAIRES

Prix : Un franc.

PARIS
CHEZ DENTU, LIBRAIRE-ÉDITEUR
GALERIE D'ORLÉANS (PALAIS-ROYAL), 15
1870

DISCOURS

COMMISSION DE DÉCENTRALISATION

Paris. — Imprimerie Adolphe Lainé, rue des Saints-Pères, 19.

SÉANCE DU 17 MARS 1870.

DISCOURS

A LA COMMISSION

DE DÉCENTRALISATION

PAR

LE COMTE DE COSNAC
(GABRIEL-JULES)
CONSEILLER GÉNÉRAL DE LA CORRÈZE
MEMBRE DE LA COMMISSION DE DÉCENTRALISATION.

LÉGISLATION COMPARÉE DES DIVERS ÉTATS DE L'EUROPE
RELATIVEMENT
AUX INSTITUTIONS MUNICIPALES
ET A LA NOMINATION DES MAIRES

PARIS
CHEZ DENTU, LIBRAIRE-ÉDITEUR
GALERIE D'ORLÉANS (PALAIS-ROYAL), 15
1870

Écoutant davantage les inspirations du devoir
que les conseils d'une abstention modeste qui
m'eût conseillé le silence, j'ai fait entendre ma
voix au milieu de la Commission de décentralisation qui compte dans son sein tant de membres
éminents; assemblée plus imposante par le choix
des personnes que par le nombre. En publiant
mon discours, aux idées duquel beaucoup de
mes collègues ont accordé une bienveillante approbation, je me conforme à l'invitation qu'ils
m'ont faite et au désir que j'éprouve de voir
triompher une réforme à laquelle je crois atta-
ché le salut social et politique. Dans la campa-
gne entreprise, je ne suis pas un homme du lendemain, en France on en trouve toujours, je suis
un homme de la veille. Bien jeune encore, j'ai
combattu par le premier de mes écrits, en faveur

de la décentralisation (1), alors que les tendances des pouvoirs politiques étaient toutes pour l'accroissement de la centralisation. Plus tard, lorsque la révolution de 1848 eût donné raison à mes prévisions, dans une nouvelle publication (2), j'insistais sur la nécessité de décentraliser. J'ai persévéré, non parce que le succès semble venir à mes convictions, mais parce que l'expérience du temps m'a convaincu plus encore de la justesse de mes impressions d'autrefois.

La France vient d'avoir le spectacle d'un fait mémorable, celui d'un souverain rendant spontanément à un peuple sa part légitime de droits politiques. Ces droits, en des jours d'anarchie, avaient été remis au souverain comme un dépôt; ce dépôt est rendu aux jours de calme et de prospérité. La lettre du 21 mars entraîne le couronnement promis de l'édifice; espérons que la France, par son respect de l'ordre, sera digne de la liberté rendue et du bel exemple que l'Empereur lui donne!

(1) *De la Décentralisation administrative,* par le comte Jules de Cosnac. Paris, Dentu, édit. 1844.

(2) *Questions du jour : République, Socialisme et Pouvoir.* — Lecou, édit., Paris, 1849, 1 vol.

DISCOURS

A LA

COMMISSION DE DÉCENTRALISATION.

MESSIEURS,

Je me propose de vous exposer, dans un aperçu rapide, la législation d'un grand nombre des États de l'Europe, relativement à l'organisation des conseils municipaux et au mode de nomination des maires ; mais je dois faire précéder cet exposé de considérations générales sur les circonstances dans lesquelles se présente, en France, la question, et sur les aspirations de l'opinion publique qui réclame la décentralisation.

Un de nos honorables collègues, M. le baron Leroy, nous disait que, dans le département de la Seine-Inférieure, les conseils municipaux ne manifestaient aucune aspiration, aucun désir, pour obtenir une modification législative enlevant au pouvoir central la nomination des maires, et remettant cette nomination aux suffrages des conseils municipaux ou de l'universalité des électeurs. Concluant du particulier au général, s'appuyant sur ce qu'il nous disait être l'état de l'opinion dans le département qu'il administre, il voulait en conclure que dans la France entière régnait une semblable indifférence.

Il résulte, Messieurs, de mes impressions et de mes renseignements, une conclusion bien différente : l'aspiration vers la décentralisation, vers le système électif des maires, est générale dans nos départements. Pour vous en faire connaître plus particulièrement un exemple sur lequel vous comprendrez que je puisse insister davantage, parce qu'il émane du chef-lieu d'un département dont je représente l'un des cantons au Conseil général, vous voudrez bien me permettre de vous donner lecture d'une délibération prise par le conseil municipal de la ville de Tulle :

« Considérant que la centralisation excessive qui fait procéder toute autorité du chef de l'État, depuis le sommet de l'échelle administrative jusqu'à la commune, et, en plaçant celle-ci sous la tutelle des préfets, la prive du droit de gérer elle-même ses intérêts comme elle l'entend, et provoque des antagonismes et des conflits qui nuisent aux intérêts majeurs qu'il s'agit de sauvegarder ;

« Considérant, en outre, que dans les moments de crise qu'il est prudent de prévoir, il importe au plus haut degré qu'il y ait dans les communes une autorité ne procédant que d'elles, et par cela même fortement constituée, pour servir de point d'appui à l'immense majorité du pays qui veut la liberté avec l'ordre, deux conditions de progrès qu'elle ne sépare pas ;

« Que la décentralisation des pouvoirs, et notamment l'indépendance communale, seraient la garantie la plus efficace, non-seulement pour le règlement des affaires locales, mais encore contre ces coups de la force de quelque part qu'ils viennent, qui, de quelque prétexte qu'ils se couvrent, mettent en péril les droits, la sécurité et la prospérité du pays ;

« Considérant que le remède consiste à appliquer le principe électif au choix des maires et adjoints, ainsi que le pouvoir central l'a déjà fait pour le Corps législatif, et comme il se prépare à le faire pour les conseils généraux et les conseils d'arrondissement, sauf toutefois à régler ultérieurement la tutelle préfectorale, de manière à émanciper la commune, placée en ce moment en état de minorité perpétuelle ;

« Le Conseil municipal de la ville de Tulle émet le vœu qu'il soit proposé une loi portant que, à l'avenir, les maires et adjoints soient nommés par les consèils municipaux ou par le suffrage universel direct. »

Vous le voyez, Messieurs, cette delibération ne se prononce pas entre le système de l'élection des maires par le conseil municipal et celui de l'élection par le suffrage direct ; mais elle demande formellement que le maire soit élu par un système ou par l'autre. En outre, elle s'appuie sur des considérants qui sont dans tous les esprits : d'un côté, la décentralisation, en créant l'indépendance communale, donnera aux communes la liberté, le goût et bientôt l'aptitude d'une bonne gestion des intérêts locaux ; de l'autre, elle établira la plus forte barrière contre le retour périodique des révolutions.

J'ai cité un exemple, on pourrait en citer d'autres ; d'ailleurs, les conseils municipaux n'ont pas été officiellement consultés ; mais, en dehors des corps constitués, l'opinion, la presse, se prononcent de toutes parts.

Un de nos collègues, un des hommes les plus éminents du Conseil d'État, l'honorable M. Boulatinier, nous a dit qu'en présence de l'esprit nouveau qui anime le gouvernement, la décentralisation n'était plus nécessaire ; qu'elle avait été réclamée comme un remède à des abus contre lesquels il avait toujours protesté et qu'il a qualifiés avec une franchise dont nous devons lui savoir gré. Il est convaincu que ces abus ne pourront plus se reproduire : le gouvernement parlementaire qui nous est rendu, le libre contrôle des affaires, la publicité de la presse, nous mettent désormais à l'abri de leur retour. Je ne puis, je l'avoue, partager cette confiance ; ces biens qui nous sont rendus, nous les avons possédés, et cependant nous les avions perdus ! Nous les avions perdus précisément parce que la France manquait de ces institutions locales, qui pouvaient seules en assurer le maintien. Donc, sans ces institutions, nous n'avons aucune garantie pour ne pas les perdre encore ; je dis plus, je suis assuré que nous les perdrions.

Une des bases de cette décentralisation nécessaire, la seule dont nous ayons présentement à nous occuper, est la nomination des maires. Quant à moi, je n'hésite pas à proclamer que l'élection doit être le principe de cette nomination. Si je me rallie à l'exception de la nomination des maires par le pouvoir exécutif dans les communes au-dessus de 6,000 habitants, ce ne sera qu'à titre de concession et de conciliation, afin qu'il puisse sortir des décisions de la commission de décentralisation des avis, d'autant plus écoutés qu'ils auront réuni plus de suffrages.

Déjà l'élection des maires dans les communes peuplées de moins de 6,000 habitants pourra suffire à donner à l'ordre politique et social la stabilité qui lui manque, elle assurera les avantages incontestables que je vais signaler.

Cette constitution d'un pouvoir local sérieux empêchera une révolution qui aurait éclaté à Paris de se propager dans toute la France, comme nous l'avons vu jusqu'ici, avec une force irrésistible. En effet, lorsque le pouvoir central a été atteint, comme toutes les autorités procèdent de lui seul, toutes perdent à l'instant leur souffle vital et tout mandat pour la conservation de l'ordre et du gouvernement. Si, au contraire, il existait des autorités puisant leur mandat dans le suffrage de leurs concitoyens, ces autorités ne seraient pas atteintes ; elles auraient toute la force, tout le prestige, toute la confiance nécessaire pour maintenir l'ordre ; bien plus, si le pouvoir central, un instant ébranlé par un caprice populaire de la capitale, a mérité la reconnaissance et les sympathies du pays, la révolution ne s'étant point propagée, ce pouvoir ne sera point renversé, il n'aura subi dans la capitale qu'une éclipse momentanée ; mais la France l'aura maintenu sur sa base ; la statue de bronze aux pieds d'argile aura enfin trouvé des pieds de bronze comme elle.

Un autre résultat, le plus frappant dans les circonstances d'où nous sortons à peine, sera de rendre désormais impossible le système des candidatures officielles, tel que nous l'avons vu pratiquer, service immense rendu au pouvoir dont ce système compromet le prestige et la solidité, à la nation dont il rend les droits illusoires et mensongers.

Un illustre diplomate prescrivait à ses agents cette conduite : « Surtout, Messieurs, pas de zèle. » Combien peu ce sage conseil était pratiqué ! Je laisse de côté les juges de paix ; aux applaudissements de la France entière, M. le Ministre de la justice les a rappelés à leurs fonctions, afin que nous ne voyions désormais, à la place d'agents dont la capacité s'employait à tout faire, que de dignes magistrats ; et je ne devrais parler que des maires. Pour eux, le zèle allait croissant à proportion de l'éloignement du foyer du pouvoir central. Un ministre, un préfet, un sous-préfet peuvent tenir à leurs fonctions ; mais nuls fonctionnaires n'y tiennent davantage que la plupart des maires des petites communes rurales que le choix préfectoral a fait sortir de leur néant pour en faire relativement quelque chose. Ils y trouvent une immense satisfaction d'amour-propre et trop souvent la satisfaction de petits intérêts ; ils sont disposés à faire bien des choses, au-delà même de ce que leur demande le pouvoir qui les a institués, afin d'être plus certains de mériter le maintien de leur situation. Ici, Messieurs, nous mettons le doigt sur la plaie vive des candidatures officielles servies par les maires nommés par le pouvoir central. Que de choses nous resteraient encore à dire ! mais je défère avec empressement à la demande que nous a faite M. le Ministre de l'intérieur, à la dernière séance, d'éviter le plus possible de revenir sur un passé qui s'éloigne. Lorsque le Gouvernement nous réunit pour travailler avec lui à la grande œuvre de la décentralisation, nous devons lui témoigner notre reconnaissance ; donc ce n'est pas à nous qu'il convient de susciter des difficultés sur ses pas. Je me borne à constater que le système des candidatures officielles ménageait de singulières surprises ; des urnes merveilleuses sortaient les résultats les plus inattendus ; ces urnes étaient magiques ; je ne veux pas, Messieurs, approfondir davantage le fond de la question !

Passons à l'examen de ce qui se passe présentement en Europe relativement à la constitution des Conseils municipaux et à la nomination des maires ; cette étude comparative que j'ai faite, et dont je vous communique les résultats, m'a paru présenter un haut intérêt.

Les États dont j'ai pu connaître la législation sur cette matière, et qui font la plus large part aux libertés communales, sont l'Angleterre, la Suisse, le grand-duché de Bade, l'Espagne, l'Italie ; viennent ensuite la Belgique, les Pays-Bas, le Wurtemberg.

Si la Belgique et les Pays-Bas, États qui jouissent de libertés constitutionnelles très-développées, ont, au point de vue de la nomination du premier magistrat des communes et à celui des attributions des Conseils municipaux eux-mêmes, une latitude inférieure à celle de beaucoup d'autres États, situation relative qui peut surprendre au premier aperçu, ce n'est pas que le pouvoir central absorbe les pouvoirs locaux ; mais la cause est celle-ci : le pouvoir municipal est transféré, pour une partie, à des Conseils électifs d'un degré supérieur.

En Belgique, le corps municipal se compose d'un

Conseil et du collége du bourgmestre et des échevins ;
pour exercer le droit d'être électeur, il faut payer en
contributions directes un cens qui varie de 15 francs
à 40 francs, suivant le chiffre de la population des
communes. Le roi nomme le bourgmestre et les échevins ; il doit les choisir parmi les membres du Conseil
municipal. Par exception cependant, le roi peut nommer un bourgmestre pris en dehors du Conseil municipal ; mais seulement après avoir pris un avis favorable de la députation permanente du conseil provincial. Le rôle considérable que remplit le Conseil provincial et sa députation permanente dans les affaires
communales exigera que nous fassions connaître en
quelques mots cette institution qui absorbe une partie
des attributions dévolues en France aux Conseils municipaux et plus encore aux préfets. Si la commune
belge est dans un état de minorité aussi prononcé
peut-être que celui de la commune française, il y a
cette essentielle différence que le tuteur de la commune française est un fonctionnaire nommé par le
gouvernement, tandis que le tuteur de la commune
belge est un conseil électif ; c'est toujours le système
de la direction et du contrôle des affaires du pays par
le pays. Le but du législateur, en transportant les affaires les plus importantes du Conseil communal au
Conseil provincial, n'a pas été d'accaparer leur direction au profit du pouvoir central, mais seulement de
les remettre à la direction et au contrôle d'un Conseil
également nommé par les électeurs, lequel, apparte-
nant à un degré hiérarchique plus élevé, offre dans la
composition de ses membres plus de garanties de lumières et d'impartialité. Ainsi le bourgmestre et les

échevins peuvent bien être nommés par le pouvoir central, sans qu'il soit à craindre que la vie locale soit absorbée par la force centralisée de l'administration.

Le Conseil provincial est directement élu par les colléges électoraux ; or, dans ce Conseil, l'administration n'appartient pas au commissaire nommé par le roi qui le représente auprès de l'Assemblée, commissaire qui porte le titre de gouverneur de la province ; elle appartient à une commission élue par le Conseil sous le nom de députation permanente. Cette députation, composée de six membres, nomme ou révoque tous les fonctionnaires provinciaux ; le gouverneur qui la préside, mandataire de l'autorité centrale pour l'exercice des pouvoirs qui émanent d'elle, n'est, relativement à l'administration des intérêts de la province, que l'exécuteur des décisions de la députation. Le gouverneur n'est armé que d'un droit de suspension de trente jours, avec obligation de recours au gouvernement dans les dix jours contre les décisions de la députation permanente.

Après avoir fait connaître la nature du Conseil provincial et de la députation permanente, il nous reste à faire connaître les droits restrictifs de la compétence municipale qui rentrent dans leurs attributions. Pour les transactions concernant les biens immobiliers des communes, les dons et legs, les péages, etc., excédant une valeur de trois mille francs, l'avis favorable de la députation permanente du Conseil provincial est nécessaire et doit précéder l'approbation du roi. L'approbation de la députation permanente suffit pour les transactions d'une importance moindre, pour les règlements sur le parcours et la vaine pâture, pour l'ouverture des chemins vicinaux, la construction, la démolition ou les grosses réparations des édifices communaux. Enfin le budget des recettes et dépenses de la commune doit être encore approuvé par la députation permanente.

Le collége du bourgmestre et des échevins représente le pouvoir exécutif dans la commune ; l'application des lois et règlements, la police, la tenue des actes de l'état civil, la garde des archives rentrent dans ses attributions. En cas de troubles, le bourgmestre peut requérir directement par écrit la garde civique et l'autorité militaire. Le gouverneur de la province peut, dans certains cas, suspendre ou révoquer le bourgmestre et les échevins sur l'avis conforme de la députation permanente.

Dans le royaume des Pays-Bas, la latitude laissée aux attributions municipales est plus grande qu'en Belgique sur deux points ; le collége des assesseurs (échevins en Belgique) est nommé par le conseil municipal, au lieu d'être nommé par le roi ; le bourgmestre, comme en Belgique, appartient à la nomination royale ; mais, à part ses attributions de police, il ne peut en exercer aucunes autres sans le concours des assesseurs. Sous les autres rapports, la subordination des Conseils municipaux aux Conseils provinciaux·ou États provinciaux suit des règles identiques.

Vous remarquerez, Messieurs, que dans les États que je viens de citer, où le chef de l'administration communale est nommé par le souverain, une liberté plus étendue qu'en France est réservée à la gestion des intérêts communaux, parce que ceux de ces intérêts dont la décision complète n'appartient pas à la commune, appartient néanmoins toujours aux administrés représentés par des Conseils électifs d'un degré supérieur.

Signalons dans le royaume de Wurtemberg cette déclaration de principes remarquable à l'article 62 de l'acte constitutionnel du 25 septembre 1819 :

« Les communes sont la base de l'état politique du royaume. »

Dans cet État, les affaires communales sont directement administrées par le Conseil municipal lui-même, mais avec le concours de l'assemblée des bourgeois ; ce qui reviendrait un peu, mais dans une mesure autrement étendue, au concours en France des plus imposés.

Dans la nomenclature des États qui concèdent une latitude considérable aux libertés municipales, nous ne saurions comprendre la Prusse. Avant de jeter un coup d'œil sur ses institutions communales, nous ne pouvons nous empêcher de dire quelques mots de la base électorale sur laquelle reposent ses institutions représentatives ; elle fera connaître l'esprit qui a présidé à sa constitution. Le législateur s'est inspiré de la politique de l'ancienne Rome où l'on retirait au peuple proprement dit, par un mécanisme habile du mode de votation, toute l'influence que le vote universel semblait lui donner. A cet effet, dans les comices, le vote par centuries fut généralement substitué au vote par curie ; pour celui-ci, le vote se comptait par tête ; pour le premier, chaque centurie n'avait qu'une voix ; les classes riches formaient le plus grand nombre des centuries, les classes pauvres le plus petit nombre ; et bien que les centuries pauvres renfermassent un nombre de votants bien supérieur à celui des centuries riches, la majorité des voix appartenait toujours à ces dernières. Le vote par centurie acquérait par ce mode un caractère tellement conservateur, que le Sénat, dont l'approbation était nécessaire pour valider les délibérations prises dans les comices par curies, n'était jamais appelé à contrôler les décisions prises dans les comices par centuries. L'organisation du corps électoral prussien présente la plus frappante analogie avec celle de la centurie romaine; de plus, le vote est à deux degrés. Dans chaque district électoral, les électeurs du premier degré sont répartis en trois sections égales, non par le nombre de votants, mais par le chiffre de l'impôt payé par eux : la première section est formée des plus imposés jusqu'à concurrence du tiers de l'impôt total du district; la seconde section comprend les plus imposés après les premiers, jusqu'à concurrence du second tiers de l'impôt; la troisième section, la plus nombreuse, comprend les moins imposés dont les cotes réunies forment le troisième tiers de l'impôt du district. Chaque section élit séparément le même nombre d'électeurs du second degré qui nomment les députés. Une Constitution qui présente contre les envahissements du pouvoir exécutif un contre-poids de contrôle aristocratique aussi puissant que celui que nous venons de faire connaître, a certainement moins besoin qu'un État démocratique du contre-poids des franchises communales ; c'est sans doute la considération qui a guidé le législateur, lorsque, au milieu de la transformation constitutionnelle de la Prusse, il a fait une si faible part aux libertés municipales.

Il existe bien dans chaque commune un Conseil municipal; la base électorale sur laquelle repose la nomination de ce Conseil n'est plus la même que pour la nomination des députés : point de vote à deux degrés, point de répartition des électeurs en trois parts inégales par le nombre, égales par l'influence; mais vote direct par tous les citoyens domiciliés dans la commune, âgés de vingt-quatre ans, ayant une existence indépendante prouvée par la possession d'une propriété, ou l'exercice d'une profession, ou le paiement d'une cote personnelle de vingt-cinq francs. Ce Conseil élit, il est vrai, une commission administrative permanente appelée le Magistrat, et un bourgmestre qui la préside et que le Conseil doit choisir en dehors de son sein; mais l'élection doit être confirmée par le Gouvernement. S'il refuse la confirmation, une nouvelle élection doit avoir lieu, et le bourgmestre repoussé ne peut plus être réélu. Enfin, si le Gouvernement ne confirme pas la seconde élection, il fait administrer la commune par une commission, jusqu'à ce qu'elle lui présente pour les fonctions de bourgmestre un choix qui lui convienne.

Il nous a suffi de faire connaître ce mécanisme des institutions communales en Prusse pour faire comprendre que ce système est le moins indépendant que nous puissions rencontrer et le moins applicable à la France.

La Belgique et la Hollande nous ont montré des institutions qui font une part indirecte considérable aux libertés municipales; passons aux États qui leur font directement une plus large part.

Entre la Suisse et l'Angleterre, nous ne saurions, à

ce point de vue, à qui donner le premier rang, si la Suisse n'était un pays de suffrage universel, tandis qu'en Angleterre il existe certaines conditions de cens pour l'exercice du droit électoral. Quant aux attributions communales elles-mêmes, elles ne sont pas plus étendues dans un pays que dans l'autre; nous croyons même qu'en Angleterre la pratique leur donne une latitude plus grande.

En Suisse, dans le canton de Genève, dans toutes les communes les conseils municipaux sont élus par l'universalité des électeurs; mais l'administration communale n'est pas uniforme. Dans la ville de Genève, le conseil municipal élit dans son sein un conseil administratif composé de cinq membres, y compris un président; dans les autres communes du canton, l'administration est confiée à un maire assisté de deux adjoints; mais le maire et les adjoints ne sont pas élus par le conseil municipal, leur élection appartient au suffrage direct des habitants.

Remarquons que cette disposition qui fait élire directement par le suffrage universel les adjoints en même temps que le maire, atténue l'inconvénient de faire élire le maire seul par ce système. Il n'y a plus une puissance unique trop forte en présence du conseil municipal; le danger que nous signalait M. Prévost-Paradol, dans son spirituel discours, de créer dans chaque maire un César, est considérablement écarté.

Dans les cantons des Grisons et d'Appenzel, les communes jouissent d'une indépendance presque complète; l'État est seulement investi du droit de haute surveillance. Dans les autres cantons, le contrôle du gouvernement s'étend davantage, particulièrement en ce qui touche les questions de budget et d'instruction publique. Dans presque tous, et plus spécialement dans les cantons de Berne et de Zurich, les électeurs assemblés traitent directement les affaires communales et le conseil nommé par eux n'est que l'exécuteur de leurs décisions. Le bourgmestre, syndic ou maire qui préside ce conseil, est, dans la plupart des cantons, le représentant de l'État auprès des communes.

En Angleterre, l'organisation communale se présente sous deux formes différentes que ne détruit pas, sous prétexte d'uniformité, une nation qui respecte les traditions comme le *Palladium* de ses libertés. Ces deux formes de la commune anglaise sont le bourg et la paroisse. Le bourg est en général une agglomération urbaine, la paroisse une circonscription rurale.

Dans les bourgs, l'administration appartient au conseil municipal. Pour être électeur, il faut un domicile de trois ans, de plus être imposé à la taxe des pauvres; pour être éligible au conseil municipal, il faut posséder un capital de mille livres sterling, ou bien posséder un capital de cinq cents livres et être imposé à la taxe des pauvres en raison d'un revenu de quinze livres. Les aldermen sont élus pour six ans par le conseil municipal et renouvelés par moitié tous les trois ans. Le maire est nommé chaque année par les aldermen et les conseillers municipaux, et pris parmi les aldermen. Il est de droit juge de paix du bourg.

Les élus aux fonctions de maire, d'aldermen, de conseiller municipal, sont tenus d'accepter sous peine d'une amende de cent livres pour le maire, de cinquante livres pour les aldermen et les conseillers.

Dans la paroisse, tous les habitants contribuables administrent directement réunis dans une assemblée appelée *Vestry*, sous la présidence du bénéficier. Tous les paroissiens contribuables ont les mêmes droits quand le vote est par main levée ; mais, lorsque le vote a lieu au scrutin, tous les contribuables qui payent cinquante livres ont une voix de plus par vingt-cinq livres, sans pouvoir réunir plus de six voix. Le Vestry vote le budget paroissial et en surveille l'emploi ; il nomme les agents paroissiaux, les constables, les inspecteurs des routes, de l'éclairage, des pauvres, le comité d'inhumation, les marguilliers chargés des constructions et réparations des temples et généralement de tout ce qui touche le temporel des églises.

Dans les bourgs, comme dans les paroisses, l'administration, la police, les finances, les routes sont donc sous la dépendance des habitants ; l'Angleterre par conséquent possède la plus grande somme de décentralisation qu'il soit possible d'imaginer, sans nuire à l'unité nationale.

Quant au comté anglais qui représente la province ou la circonscription qui répondrait en France au département, nous n'avons pas à nous en occuper dans un examen circonscrit pour le moment à la question des communes et des maires. Signalons néanmoins l'admirable institution des juges de paix, magistrats exerçant gratuitement leurs fonctions, et qui ne peuvent être nommés par le lord haut chancelier, sur la présentation du lord lieutenant du comté, que parmi les propriétaires fonciers possédant un revenu de cent livres sterling au moins. Ces magistrats, investis de fonctions judiciaires et administratives qu'ils exercent, suivant les cas, soit séparément, soit réunis en assemblée, forment la plus solide institution pour garantir le respect des personnes et des propriétés, et pour le maintien de la tranquillité publique.

Dans le grand-duché de Bade, la commune est administrée par un conseil nommé par l'assemblée des bourgeois. Le bourgmestre est directement élu par cette assemblée pour six ans. Cette élection, qui devait être approuvée par le grand-duc, ne sera plus soumise à cette approbation d'après un projet de loi nouveau. Si, dans les trois jours fixés pour l'élection du bourgmestre, celle-ci n'aboutit pas, le gouvernement nomme un bourgmestre pour une durée de trois ans au plus. Les fonctions du bourgmestre sont exclusivement municipales; les attributions qui relèvent de l'autorité centrale sont remises aux mains d'un bailli qui réside au chef-lieu du bailliage où se réunit un conseil composé des députés des communes de la circonscription. Dans certains cas déterminés, le bourgmestre et les autorités municipales peuvent être suspendus et révoqués.

Si nous passons à l'Espagne, nous y trouvons les Conseils municipaux investis de l'administration communale, attributions qui diminuent d'autant celles de l'alcade ou maire choisi par le roi. Les Conseils municipaux nomment les instituteurs et les percepteurs des deniers communaux, ils dressent la liste des jeunes gens sujets au recrutement, dirigent les opérations du tirage et reçoivent les réclamations. Ils votent le budget communal. Leurs délibérations sont classées sous deux catégories, les unes exécutoires par elles-mêmes, sauf le droit du gouverneur d'en suspendre l'effet pour violation des lois ; les autres, exécutoires seulement après avoir reçu l'approbation du gouverneur de la province.

En Italie, un cens qui varie de cinq à vingt-cinq livres, suivant le chiffre de la population des communes, est nécessaire pour être électeur ; mais les illettrés sont exclus, à moins que le nombre des électeurs ne soit pas le double de celui des conseillers à élire. Le syndic, président du conseil municipal, est nommé par le roi ; il doit être choisi dans le sein du Conseil municipal ; mais l'administration communale appartient à une junte nommée dans le conseil municipal, junte que préside le syndic. La junte nomme tous les agents salariés de la commune. Le Conseil municipal règle le budget de la commune ; mais les délibérations concernant les acquisitions, aliénations, constitution de rentes foncières, acceptation de dons et legs sont soumises à l'approbation de la députation provinciale, fraction permanente du Conseil provincial ; ce Conseil formé des députés élus par les cantons n'a qu'une session par année. La latitude extrême laissée aux communes pour le vote de leur budget doit être considérée comme une faute ; des charges excessives qu'elles s'imposent, naît un épuisement qui contribue à la détresse des finances de l'État.

Il résulte, Messieurs, du tableau comparatif de la constitution municipale de ceux des États de l'Europe que j'ai fait passer sous vos yeux, que, chez ces nations diverses, il règne, à un degré plus ou moins prononcé, une décentralisation administrative bien supérieure à la constitution présente de la France sous ce rapport.

Deux de ces États seulement ont pour base électorale le suffrage universel, et la France est du nombre ; mais nous savons à quel rôle complaisant la centralisation, chez nous, a réduit le suffrage universel. L'autre État est la Suisse ; un troisième encore serait la Grèce, dont nous n'avons pas parlé, faute de connaître de sa constitution municipale d'autres détails que celui de sa base électorale.

Nous rencontrons le maire élu par la commune, en Suisse, en Angleterre et dans le grand-duché de Bade. Dans les autres États, le maire est nommé par le pouvoir central ; mais, dans ce maire, la division des attributions a été opérée dans une proportion notable. L'administration des intérêts communaux appartient directement aux communes qui l'exercent, soit par elles-mêmes, soit par leurs conseils municipaux, soit par des commissions permanentes élues dans le sein de ces conseils.

De cette analyse, nous ferons ressortir encore cette observation : Dans les États où le maire est institué par l'élection, la division des attributions n'existe pas ; le maire, bien qu'il ne soit pas nommé par le pouvoir exécutif central, est néanmoins son mandataire, en même temps qu'il est le mandataire des intérêts communaux ; ses fonctions d'administrateur sont généralement plus réduites qu'en France, il est vrai, par l'institution très-répandue de commissions administratives ; mais ces commissions n'ont pas pour objet de

prémunir la commune contre les envahissements de l'au·
torité d'un maire, qui tient d'elle seule son institution.
L'État non plus ne se prémunit pas contre lui, excepté
dans le grand-duché de Bade, où un bailli cantonal
exerce les fonctions déléguées par le pouvoir exécutif.
Au contraire, dans les États où le maire est institué
par la nomination du gouvernement, les communes,
d'une manière générale, et non par exception comme
nous voyons un gouvernement, le grand-duché de
Bade, agir en sens inverse, sont garanties contre lui
pour le cas où il voudrait abuser contre les libertés
communales de l'autorité qu'il tient du pouvoir central ; elles sont garanties par l'établissement que nous
rencontrons presque partout de commissions permanentes chargées de l'administration, et, à défaut de
ces commissions, par le droit d'administrer directement exercé par le Conseil municipal. Quelle conclusion devons-nous en tirer ? C'est que dans ces États,
s'il existe des susceptibilités plus ou moins ombra-
geuses qui craignent que l'un des deux intérêts soit
sacrifié à l'autre, l'intérêt de la commune à l'État, ou
l'intérêt de l'État à la commune, l'intérêt qui a paru
au législateur devoir être sauvegardé en première
ligne, est l'intérêt du plus faible, c'est-à-dire l'intérêt
de la commune. Quand l'État nomme le maire, la
commune a son administration indépendante du
maire ; quand la commune élit le maire, son élu n'en
est pas moins le mandataire accepté par l'État, pour
les fonctions émanant d'une délégation du pouvoir
central. Seulement l'État est naturellement armé de la
faculté de révocation, suivant certaines formes, dans
le cas où le maire contreviendrait dans l'exercice de

sa délégation aux obligations que la loi lui impose.

En définitive, excepté dans le grand-duché de Bade, où le dédoublement est complet, le maire est partiellement dédoublé chez les diverses nations dont nous avons cité la constitution communale. Partiellement dédoublé du côté de ses attributions communales, au lieu d'être administrateur, il n'est plus que le président des Conseils municipaux et des commissions permanentes, et l'exécuteur de leurs décisions administratives; mais il conserve l'intégrité de son mandat comme représentant du pouvoir central, soit qu'il ait été nommé par ce pouvoir, soit qu'il ait été élu par la commune.

Nous pouvons donc arriver à cette déduction résultant de ce qui se passe dans presque toute l'Europe, qu'il est essentiel, en France, surtout dans les communes rurales, de ne pas dédoubler les attributions du maire; mandataire des intérêts communaux, il doit rester le mandataire de l'autorité centrale. Néanmoins, ses fonctions doivent lui être conférées, non par le choix de cette autorité centrale, mais par l'élection. Cette seconde déduction résulte de ce qui se passe à cet égard en Suisse et en Angleterre, et plus encore des motifs nombreux que nous avons déjà donnés pour repousser la nomination par l'autorité.

En vérité, Messieurs, cette élection des maires par les Conseils municipaux est-elle chose si insolite qu'elle doive nous apparaître comme l'essai de l'inconnu? Si l'expérience de 1848 à 1852 est trop courte et trop incomplète, nous avons pour nous, en remontant aux origines, l'expérience des siècles. Les libertés communales et l'élection des maires sont de l'essence de notre vieux droit français; il n'y a été porté atteinte que par les empiétements successifs du pouvoir royal, qui tendait à se rendre absolu, tendances dont le ministère du cardinal de Richelieu a été l'expression militante, réalisées en entier par la monarchie de Louis XIV. Une ordonnance de saint Louis, en l'année 1256, prescrivait l'élection annuelle des maires pour le lendemain de la Saint-Simon-Saint-Jude. En effet, les syndics et les maires, dans les pays d'élection, les consuls et les capitouls, dans les pays d'États, étaient électifs. Dans quelques localités seulement, le roi choisissait sur une liste de présentation. Cette exception existait pour la Normandie, où l'ordonnance de saint Louis se réservait la nomination des maires sur une liste de trois candidats présentés par les prud'hommes de chaque commune.

Quant à nous, nous repousserions pour une application moderne, ce mode de présentation sur une liste de candidats, système défendu par M. le marquis d'Andelarre, par ce motif que la liste peut être combinée de telle sorte que la main de l'administration soit forcée ; alors, chose grave, l'administration prend la responsabilité d'un choix qui lui est imposé. Autre inconvénient : si les candidats proposés sont tous sérieux, l'administration ne pouvant en choisir qu'un seul pour lui conférer les fonctions de maire, les candidats laissés de côté s'autoriseront le plus souvent de la désignation dont ils auront été l'objet de la part du Conseil municipal, pour s'ériger en rivaux du maire et travailler à le supplanter. Une partie du Conseil les suivra dans leur opposition. Ce système ferait donc naître d'incessantes difficultés.

Nous repoussons également le retour à la loi de 1831, soutenu par l'honorable M. Peyrusse, par ce motif que nous vivons en fait, sinon en droit, sous l'empire de cette loi, l'administration n'usant qu'à titre de très-rare exception de la faculté de nommer les maires en dehors du Conseil municipal. Or ce sont ces maires nommés par l'administration, dans le sein même du Conseil municipal, qui ont commis ces déplorables agissements contre lesquels l'opinion publique proteste et réclame des garanties.

N'est-ce pas encore sous l'empire de la législation actuelle que nous avons vu les faits suivants? Lorsque des dissentiments se sont élevés, même en dehors de tout sujet politique, entre les maires et les conseils municipaux, les maires étaient rendus, par l'appui de l'administration, à tel point indépendants de l'action des Conseils, qu'ils obtenaient constamment, au moyen de l'application de la loi de 1855, gain de cause sur eux. Les Conseils étaient suspendus et remplacés par des commissions administratives choisies pour voter au gré des maires et approuver tous leurs actes.

Dans la situation présente, l'élection des maires est donc seule possible. Ce principe admis, seront-ils nommés par les électeurs de toute la commune, ou par le Conseil municipal seulement? Examinons.

A mon point de vue, l'élection par le suffrage direct des habitants serait plus conforme au principe du suffrage universel ; il donnerait des choix en harmonie plus certaine avec la majorité, que l'élection par le Conseil municipal, élection qui peut plus facilement

tomber dans le domaine des coteries. Si nous n'osons
pas la conseiller, nous sommes guidé par cette seule
appréhension de créer dans la commune une autorité
trop puissante en face de celle du Conseil municipal ;
c'est afin de ne pas risquer de faire naître la division
là où doit régner l'harmonie.

Une atténuation à ce danger pourrait se rencontrer
cependant dans le système en vigueur dans les communes rurales du canton de Genève ; les adjoints
étant élus par le suffrage universel, de même que le
maire, celui-ci ne peut plus se prévaloir de repré-
senter à lui seul la commune, tout autant que le Conseil municipal tout entier.

Cette atténuation d'ailleurs ne paraîtrait-elle pas
insuffisante, ce système pouvant créer un désaccord
d'une autre nature entre le maire et des adjoints
rendus trop puissants ?

Sous réserve des lumières d'une discussion plus
complète, le système de l'élection des maires par les
Conseils municipaux nous paraît devoir être adopté.

Le système de l'élection admis, restent à apprécier
les dangers qu'on nous signale comme devant résulter
de l'administration d'un maire élu :

D'abord, ce maire réunit de doubles attributions,
et nous ne sommes pas de ceux qui voudraient dédoubler ce fonctionnaire, dans les communes rurales
du moins ; ce double mandat le complète utilement,
en donnant à son caractère plus de prestige ; mais si
ce maire venait à manquer aux devoirs que lui impose,
pour certaines de ses fonctions, son mandat de délégué
de l'autorité centrale, l'honorable M. Target, dans un
substantiel discours, nous a trop bien prouvé que la

législation actuelle est armée de tous les moyens né-
cessaires pour paralyser son mauvais vouloir et l'en
punir, pour qu'il soit à propos d'y revenir. En outre,
rien n'empêche à une législation nouvelle d'édicter de
nouvelles garanties.

L'honorable M. Prax-Paris nous a dit trouver une
anomalie dans ce fait de la délégation au maire par le
Conseil municipal de certaines fonctions émanant du
souverain ; mais il y a erreur de sa part, cette délégation ne cesse pas d'émaner du pouvoir central ; seulement elle s'adresse à un fonctionnaire qu'il n'a pas
choisi. Néanmoins, nous venons de voir que le gouvernement conserve de sérieuses et utiles garanties.

Sous l'empire du décret de 1848, la France a fait
l'expérience du régime électif des maires et la statisti-
que a prouvé que ce mode donnait, à plusieurs
points de vue, des résultats plus satisfaisants que la nomination par le pouvoir. Le rapport de M. de la Bou-
lie, lu à la séance de l'Assemblée, le 27 avril 1850,
établit que, de 1837 à 1840, il y avait eu douze maires
révoqués pour incapacité ou incurie, tandis qu'en
1849 il n'y en avait eu aucun ; que, pour délits et abus
en matière de recrutement, de 1837 à 1840, il y avait
eu quatorze maires révoqués, c'est-à-dire trois et une
fraction par année, tandis qu'en 1849, il y en avait eu
deux seulement. Si, en matière politique, les révoca-
tions ont été relativement plus nombreuses en 1849,
les circonstances agitées de l'époque en donnent une
suffisante explication.

Donc, pour ma part, je suis partisan de l'élection des
maires dans les communes au-dessous de 6,000 habitants ; si quelques inconvénients se rencontrent, car il

s'en rencontre partout, ceux-ci seront atténués par la somme des avantages.

Pour les communes au-dessus de 6,000 habitants, nous avons fait connaître le motif qui nous rallierait, momentanément du moins, à la nomination des maires par le Gouvernement. Il est plus prudent sans doute pour les agglomérations considérables d'agir avec circonspection et progressivement ; mais nous croyons que, sans tarder beaucoup, il deviendra possible de déférer aux vœux des grandes villes d'avoir des maires électifs, surtout en leur appliquant le dédoublement des pouvoirs. Pour ce dédoublement, tombent les deux objections principales soulevées, quand il s'agit des communes rurales. Dans les villes, les deux personnages qui feraient défaut dans la plupart des communes rurales se rencontreront facilement : un maire président du Conseil municipal, administrateur des intérêts communaux ; un fonctionnaire gratuit, s'il se peut, mandataire du pouvoir exécutif. De plus, dans les villes les affaires sont assez nombreuses pour que ces deux fonctionnaires puissent se mouvoir dans une sphère d'action suffisante.

Ou bien, Messieurs, n'y aurait-il pas à examiner s'il ne serait pas possible d'introduire pour les villes de 6,000 habitants et au-dessus le système que nous voyons prédominer en Europe : à côté d'un maire nommé par le pouvoir exécutif, une commission administrative permanente élue dans son sein par le Conseil municipal ? Ce genre de dédoublement du pouvoir, dédoublement partiel et non radical, puisque le maire, président du Conseil municipal et de la

Commission permanente demeure leur mandataire pour l'exécution des décisions administratives, ne serait-il pas le plus rationnel et le plus facilement applicable?

Passons en revue d'autres objections soulevées contre le système de l'élection des maires. Ces inconvénients existent incontestablement; c'est à les atténuer le plus possible que la législation devra s'appliquer.

L'honorable M. Boulatignier nous a représenté le suffrage universel comme animé d'un esprit ingouvernable, jaloux de toutes les supériorités, poussant ses rancunes jusqu'à la taquinerie et à la malice. Boileau a écrit :

« Le Français, né malin, créa le vaudeville. »

L'honorable membre du conseil d'État trouve évidemment au suffrage universel quelque similitude d'origine. Je ne nie pas qu'il n'ait raison à quelques égards; mais ce sont ces malices contre lesquelles la législation devra prémunir.

Je ne crois pas qu'un préservatif se fût rencontré dans le système abandonné du reste par ceux-mêmes que l'on croyait devoir en être les promoteurs, le système de l'adjonction des plus imposés au Conseil municipal pour concourir à l'élection du maire. Comme ce bruit a été répercuté en France par plus d'un écho, bien que ce mode n'ait pas été proposé dans la Commission, je crois nécessaire de le réfuter en quelques mots. Ce système n'aurait de conservateur que l'apparence; lorsque l'esprit d'une commune rurale est assez mauvais pour exclure systématiquement les habitants les plus notables, ceux-ci, parmi les plus imposés, forment une minorité telle que, l'influence leur

3

manquant déjà, ils ne changeraient en rien par leurs votes le choix du maire. Dans les communes où les choix seraient bons, on les attribuerait à tort à l'adjonction des plus imposés, et nous créerions matière aux récriminations contre les priviléges et aux révolutions.

Si l'institution des Conseils cantonaux sortait des délibérations de la Commission, les maires et les Conseils municipaux trouveraient dans cette institution un contrôle qui pourrait être rendu très-salutaire; cette tutelle serait infiniment plus conforme que la tutelle administrative aux principes du *self government*.

Le contrôle d'une assemblée élective d'un degré supérieur, avec nécessité d'approbation dans certains cas par le Gouvernement, sera particulièrement nécessaire pour les votes d'impositions; un maire qui veut signaler son passage dans les fonctions municipales, un Conseil dont les membres souvent sont à peine atteints par les contributions qu'ils votent, peuvent aisément sacrifier sans prévoyance l'avenir au présent, obérer la commune, compromettre même indirectement les finances et le crédit de l'État, ainsi qu'il arrive en Italie.

Il faudra se préoccuper aussi des précautions à prendre pour que les minorités et les individus pris isolément soient efficacement protégés contre toutes vexations arbitraires. En créant la décentralisation, il faut se garder de substituer à l'absolutisme de l'administration centrale le despotisme des maires ou des Conseils locaux; sans ces précautions essentielles, le remède cherché produirait un mal incomparativement plus grand que le mal qu'il s'agit de détruire. Le triste souvenir des municipalités de la grande révolution doit nous demeurer comme un salutaire enseignement. En France, généralement, on veut beaucoup trop gouverner ; la réforme dont l'étude nous est confiée doit corriger cette funeste tendance ; il faut laisser, tant que la loi n'est pas violée ou l'ordre public compromis, la plus grande latitude à la liberté et à l'initiative de l'individu, de même qu'à la liberté et à l'initiative des associations particulières fondées pour un but utile.

Un frein nécessaire contre les abus du pouvoir ou les vexations que certains maires croiraient pouvoir se permettre contre quelques-uns de leurs administrés, se rencontrera dans l'abolition de l'article 75 de la Constitution de l'an VIII qui couvre les fonctionnaires de cet exorbitant privilége de ne pouvoir être poursuivis sans l'autorisation du Conseil d'État. De plus, ne faudrait-il pas établir une incompatibilité absolue entre certaines professions et les fonctions de maire ; en première ligne, déclarer l'incompatibilité pour la profession de cabaretier ; comment charger du contrôle celui qui doit être incessamment contrôlé ? Cette exclusion serait conforme au double intérêt de la dignité des fonctions et de la moralité publique. L'influence du cabaret est l'influence la plus démoralisatrice de nos campagnes.

Enfin, sans priver le maire de l'exercice de la police pour le bon ordre dans sa commune, je voudrais qu'il existât, soit par des tournées plus fréquentes de la gendarmerie, soit par l'embrigadement des gardes champêtres, soit par un emprunt à la législation an-

glaise concernant les juges de paix, magistrats si dif-
férents des nôtres, une surveillance simultanée sup-
pléant efficacement à l'insuffisance de la surveillance
du maire. Déjà celui-ci, sous le régime actuel, dans
un but de ménagement pour certaines influences qui
ne sont pas les meilleures, exerce mollement cette
surveillance; sorti de l'élection et ayant à ménager
d'autant plus ces mêmes influences, il serait à craindre que cette partie de ses fonctions ne fût remplie
d'une manière plus imparfaite encore.

En terminant, Messieurs, j'exprime la conviction
que nous ne devons pas reculer devant le principe de
l'élection des maires : la déclaration de ce principe
est le premier pas que nous ferons dans la voie de la
décentralisation qui créera pour notre pays des hommes et des institutions.